Género Fantasía

Pregunta esencial
¿Cómo ayuda la gente en la comunidad?

¡Fabuloso!

Sarah Hughes

ilustrado por
Bridget Starr Taylor

Capítulo 1

¿Y esto?

Mamá va a tener un bebé. Betina y Pibe están contentos.

—Quiero que sea una niña como yo —dice Betina.

—No, mejor que sea un niño como yo —dice Pibe.

—Si es niña, quiero que se llame Beba —dice Betina.

—Y si es niño, quiero que se llame Bobi —dice Pibe.

Mamá los saluda y les da el beso de las buenas noches.

—¡Hasta mañana! —dicen Betina y Pibe.

—Qué raro —dice mamá por la mañana—. Dejé ahí los gorros y los mitones casi terminados y...

—¡Están terminados! —dice Betina.

—¡Y también hay una mantita para el bebé! —dice papá.

—¿Y si fue el minino Bubú? —dice Betina—. ¡Le gusta mucho jugar con tu lana, mamá!

—En ese caso... ¡Bien por Bubú! ¡Los mitones son fabulosos! —dice Pibe.

—No es posible —dice papá—. Los mininos no saben tejer.

Capítulo 2

¡Fabuloso!

Betina y Pibe van a la escuela.
Mamá y papá van al trabajo.

—¡Hasta luego! —saludan Betina y Pibe.

—¡Nos vemos! —dicen mamá y papá.

Betina saluda a Bubú:

—Sé bueno, Bubú. Pórtate bien.

Cuando la familia vuelve a casa, todos quedan embobados.

—¡Una batita y dos suéteres! —dice Betina, sorprendida.

—¡Fabuloso! —dice Pibe.

—¿Quién ha sido? —dice papá.

—No tengo idea... —dice mamá.

Capítulo 3

La fábula se hace realidad

—¡Betina! —susurra Pibe—. Cuando mamá y papá estén dormidos, bajemos sin hacer ruido. Así veremos quién teje toda esa ropa.

—¡Qué maravilla! —susurra Betina.

—¡Fabuloso, fabuloso! —dice Pibe.

—Y los mininos... —dice mamá—. ¿Qué están haciendo?

—Mira —dice papá.

Papá toma una foto.

—Quiero salir en la foto junto a los mininos —dice Betina.

—Yo también quiero salir —dice Pibe.

Mamá decide llamar al periódico.
—No es broma —dice por teléfono.

¡Ahora son mininos famosos!

Respuesta a la lectura

Volver a contar

Vuelve a contar el cuento con tus propias palabras.

Personaje	Ambiente	Sucesos

Evidencia en el texto

1. Mira la página 2. ¿Dónde está la familia? **Personaje, ambiente, sucesos**
2. Mira la página 7. ¿Por qué la familia está tan sorprendida?

   Personaje, ambiente, sucesos
3. ¿Cómo sabes que *¡Fabuloso!* es un cuento de fantasía? **Género**

Género No ficción

Compara los textos

Lee acerca de cómo los niños pueden aprender de los adultos.

¿Me enseñas lo que sabes?

Es divertido aprender de los demás. Los adultos nos enseñan lo que saben hacer.

Los adultos nos enseñan a tejer, a armar cosas y a pintar. Los niños podemos enseñar a otros niños todo lo que aprendemos.

Este niño aprende a armar trenes.

Destrezas

1. tejer
2. moldear barro
3. trabajar la madera
4. pintar
5. dibujar

Haz conexiones

¿Qué destrezas de *¿Me enseñas lo que sabes?* tienen los gatos de *¡Fabuloso!*? **El texto y otros textos**

Enfoque:
Género

Fantasía Los cuentos de fantasía son historias inventadas que no podrían ocurrir en la vida real.

Lee y descubre En *¡Fabuloso!*, los gatos tejen ropa. En la vida real, los gatos no tejen.

Tu turno

Piensa en tu mascota o en una mascota que te gustaría tener. Imagina que sabe hacer algo extraordinario. ¿Qué sabe hacer tu mascota? ¿Cómo aprendió a hacerlo? Haz un dibujo que muestre lo que sabe hacer tu mascota. Escribe una oración sobre tu dibujo.

Rincón literario

Ficción

CríticaMENTE

Personajes

¿Quiénes son los personajes de *¡Fabuloso!*? ¿Con qué palabras describirías al gato Bubú?

Trama

¿Cuál es la sorpresa del cuento? ¿Cómo descubrió la familia lo que pasó?

Orden de los sucesos

¿Qué es lo primero que ocurre en este cuento? ¿Qué ocurre después de que la familia se va a acostar?

¡Ayudemos!

GR I • Benchmark 16 • Lexile 390

MaravillasMHE.com

MHID 0-02-126075-3
978-0-02-126075-1

99701

EAN

9 780021 260751

1.2.4

McGraw Hill Education